AF243204

LES PRUSSIENS

A BLOIS

ou

TROIS MOIS D'OCCUPATION

(10 Décembre 1870 — 12 Mars 1871)

Par P. DUFRESNE

Rédacteur en Chef du Journal l'Avenir (de Loir-et-Cher)

Prix : 80 Centimes

EN VENTE

A Blois, au Bureau du Journal, rue Pierre-de-Blois, 14

ET CHEZ TOUS LES LIBRAIRES DU DÉPARTEMENT

LES PRUSSIENS A BLOIS

<hr>

I

DÉFENSE DE LA VILLE

La semaine du 3 au 10 décembre 1870, fut pour la ville
de Blois une semaine d'inquiétudes et d'angoisses ; dès le
lundi 4 décembre, un certain nombre de soldats et de
mobiles débandés étaient venus jeter la consternation dans
la ville en annonçant la défaite de notre armée de la Loire
et la reprise d'Orléans par les Prussiens ; le lendemain,
une dépêche officielle venait confirmer ces bruits et
anéantir les espérances qu'avaient fait naître les premiers
succès du général d'Aurelles de Paladines ; le 6 et le 7, la
population se portait sur les hauteurs de la route de Paris
et aux alentours de la caserne, d'où l'on entendait très-
distinctement une violente canonnade du côté de Mer et
de Beaugency.

Les soldats débandés qui continuaient à nous arriver chaque jour, disaient que notre armée de la Loire avait été coupée en deux parties, dont l'une, après la prise d'Orléans, avait été rejetée sur la rive gauche, tandis que l'autre, sur la rive droite, battait en retraite en disputant le terrain pied à pied.

La destitution à peine déguisée du général d'Aurelles, et la division de son armée entre les généraux Bourbaki et de Chanzy, vinrent le lendemain confirmer les récits que l'autorité avait d'abord fait démentir, et chacun put dès lors juger de la situation qui nous était faite et du sort réservé à la ville de Blois.

Le vendredi 9 décembre, à la tombée de la nuit, un fort détachement de cavalerie, quelques pièces de canon et trois ou quatre mille fantassins, arrivant par la rive gauche, traversèrent le pont, annonçant que les Prussiens les suivaient à quelques kilomètres à peine.

Ces troupes, dont la retraite s'effectuait en désordre, venaient d'abandonner à l'ennemi, presque sans tirer un coup de feu, les fortes positions de Chambord. Quatre mille sept cents créneaux avaient été percés dans l'enceinte du parc ; abrités derrière la muraille, les quatre ou cinq mille soldats qui occupaient le parc, pouvaient arrêter pendant longtemps le corps d'armée prussien, obligé pour les déloger de se montrer en plaine et exposé à un feu meurtrier ; mais le général Morandi qui commandait à Chambord, soit qu'il obéît à des ordres supérieurs, soit dans la crainte d'être cerné, avait donné le signal de la retraite, et les Prussiens, loin de rencontrer une résistance que la nature des lieux rendait si facile, s'étaient emparés sans coup férir de la ligne de défense du parc, à peine inquiétés par quelques francs-tireurs qui protégeaient la retraite de la petite armée du général Morandi.

Dans le même moment, une forte colonne ennemie, longeant la rive gauche de la Loire, échangeait à travers le fleuve des coups de canon avec une division de l'armée du général de Chanzy, qui se repliait sur Blois; à la hauteur de Montlivault, la lutte devint plus vive, et un bataillon français, ignorant que cette commune était occupée par les Prussiens, vint se heurter contre des forces dix fois supérieures. Après un combat de mousqueterie qui ne dura pas moins de deux heures, le petit détachement français put, à la faveur de la nuit, rejoindre le corps qui rentrait à Blois et se dérober à l'ennemi.

L'arrivée de ces différentes troupes le 9 au soir, jeta dans la ville une panique facile à comprendre; chacun s'attendait pour le lendemain aux plus graves événements. Un grand nombre de personnes s'empressèrent de prendre, pendant qu'il en était temps encore, le chemin de fer pour échapper aux Prussiens.

Le 10, à six heures et demie du matin, une effroyable détonation se fit entendre, ébranlant les édifices, et semblable à une commotion de tremblement de terre : le magnifique pont de Blois venait de sauter, par ordre de l'aùtorité militaire, dans le but d'empêcher l'ennemi qui, au nombre d'une quarantaine de mille, se trouvait sur la rive gauche, de passer la Loire pour tomber sur les derrières du général de Chanzy, battant en retraite sur Vendôme, par Saint-Laurent-des-Eaux et Marchenoir.

La veille, le projet de destruction du pont avait été agité entre l'autorité militaire et le Comité de la défense nationale; la Commission municipale, dont les membres faisaient presque tous partie du Comité, s'y était faiblement opposée; mais dans la journée du 10, comprenant les désastres que cette tentative de résistance pouvait amener sur la ville, la commission municipale se réunit à la préfecture, et, après délibération, rédigea la protestation suivante, à laquelle adhérèrent les membres du Comité de défense ne faisant pas partie de la Commission, et le préfet, M. Lecanu :

RÉPUBLIQUE FRANÇAISE.

« La Commission municipale de la ville de Blois, réunie à la préfecture, le préfet étant présent, après avoir délibéré sur la gravité et l'opportunité de l'opération commandée par le général Peitavin, exécutée ce matin à six heures et demie, pour faire sauter le pont de Blois ;

« Considérant qu'une dépêche du général de Chanzy, en date de ce jour, six heures cinquante-cinq minutes du matin, s'exprime en ces termes : « J'ai donné au général « Peitavin *l'ordre formel* de ne faire sauter le pont « qu'après l'avoir défendu et avoir acquis la certitude « qu'il ne pouvait en interdire le passage à l'ennemi ; »

« Considérant que l'ordre dont parle de Chanzy était antérieur à la dépêche, qu'ainsi les généraux n'en ignoraient point ;

« Considérant que sans attaque de l'ennemi, et par conséquent sans défense, et sans qu'aucun avertissement ait été donné à la Commission municipale, en vue de sauvegarder les personnes et les denrées de toute nature qui se trouvaient sur la rive gauche ; qu'enfin, malgré les protestations des ingénieurs du département, qui n'ont voulu agir que sur un ordre écrit, les généraux ont fait sauter le pont ce matin, à six heures et demie précises ;

« Tous les membres présents déclarent protester énergiquement contre le fait des généraux, déclarant en décliner toute responsabilité et en référer immédiatement au gouvernement.

« Fait à la Préfecture de Blois, en l'absence de MM. Dufay et Dauge, membres de la Commission municipale, le 10 décembre 1870.

> « A. CONTANT, J. GUÉRITTE, ROBIN, JOLY-BARBOT, AURIAU, ESTRIBAUD, DARIDAN, E. LESGUILLON, CHAVIGNY, POUSSET-PÉAN, A. THOMAS, POSTOLE, CHAMBELLAN, POULAIN, DELAGRANGE, E. DE SONNIER, YVONNEAU, *membres de la Commission munipale*.

« Les membres, soussignés, du Comité militaire, déclarent adhérer pleinement à la protestation ci-dessus.

> « A. MAURICE, JOLLOIS, CHARRIER, E. BURAT, G. TATTET.

« Le préfet de Loir-et-Cher, après avoir provoqué la protestation ci-dessus, déclare s'y conformer et y adhérer dans tous ses termes.

« 10 décembre 1870.

> « Alph. LECANU. »

Pendant que la Commission municipale délibérait, l'ennemi continuait son mouvement offensif.

A midi, le canon grondait sourdement sur les deux rives du fleuve. Français et Prussiens échangeaient à travers la Loire obus et boulets, en se rapprochant constamment de la ville ; à deux heures, de la terrasse de l'Évêché et des hauteurs du Reménier, on voyait distinctement une batterie prussienne, établie à Vineuil, à trois kilomètres de Blois sur la rive gauche, lancer des obus sur une batterie française, située à la Chaussée-St-Victor, qui, sur la rive droite, se trouve à une égale distance de la ville ; un peu plus tard, une colonne ennemie, cachée jusqu'alors derrière les peupliers de Vineuil, apparaissait sur la levée du déversoir et échangeait quelques coups de fusil avec des francs-tireurs embusqués en avant du populeux faubourg de Vienne, qui, par suite de la rupture du pont, était depuis le matin isolé de la ville.

La colonne ennemie, forte de trois ou quatre mille hommes, précédée par quelques centaines de uhlans, après avoir couronné la levée, descendit au pas de course dans le déversoir, en engageant une vive fusillade, avec les francs-tireurs d'abord, puis avec un certain nombre de gardes nationaux du faubourg, qui fut bientôt occupé par les forces considérables de l'ennemi.

Maîtres de toute la rive gauche, les Prussiens, cachés derrière les volets des maisons qui bordent les quais de la Chaîne et de l'Hôpital, abrités derrière les parapets de la levée, engagèrent une vive fusillade avec quelques compagnies de disciplinés et des mobiles placés sur la rive droite, tout le long du Mail, et du quai du Département ; des fenêtres de la Mairie un certain nombre de gardes nationaux prenaient part au feu.

Dans la ville, toutes les maisons se fermaient ; les rues, sillonnées par les balles, étaient absolument désertes ; un certain nombre d'habitants, craignant un bombardement qui ne devait pas tarder à avoir lieu, s'enfuyaient avec leurs familles vers les villages environnants, dans la direction de Villebarou et de Villejoint. Beaucoup de jeunes gens, et même d'hommes mariés, ajoutant foi à un bruit absurde, d'après lequel les Prussiens levaient et incorporaient tous les hommes de vingt à quarante ans, abandonnant leurs maisons et leurs familles, couraient affolés de terreur jusqu'à Chouzy et Onzain, plusieurs même allaient jusqu'à Tours.

Cependant la fusillade, échangée des deux rives du fleuve, durait depuis une heure environ, lorsque, à la suite des vives discussions engagées à la Mairie entre l'autorité militaire et la Commission municipale, il fut convenu qu'on allait tenter de parlementer.

M. Contant, un des membres de la Commission, et à qui la défense de la ville devait être si funeste, prit le drapeau blanc et se préparait à sortir, mais aussitôt entouré, renversé par un certain nombre d'ouvriers, qui ne lui ménagèrent pas les épithètes énergiques, il fut obligé de rentrer à la Mairie avec son drapeau. Surexcité par les injures qu'on lui adressait, M. Contant, craignant que l'on se méprît sur le sentiment qui l'avait fait se charger du périlleux honneur de porter le drapeau parlementaire, saisit un fusil, monta dans les combles de la Mairie, et par une étroite lucarne qui s'ouvre sur les toits à la façon d'une trappe, il tira quelques coups de feu sur l'ennemi ; mais à peine était-il à ce poste dangereux depuis quelques minutes, qu'une balle vint le frapper à la poitrine et qu'il tomba pour ne plus se relever.

A quatre heures, la fusillade se ralentit sensiblement ; un coup de canon, infiniment plus rapproché, indiqua que la lutte entrait dans une nouvelle phase.

Les Prussiens venaient d'établir une batterie d'obusiers dans le lit même du déversoir, et commençaient à bombarder la ville.

Le bombardement arrêta la fusillade ; à peine, au milieu du silence profond qui planait sur la ville, entendait-on quelques coups de fusil isolés, les détonations des pièces d'artillerie qui se succédaient à une ou deux minutes d'intervalle, jetaient la terreur chez les habitants restés dans leurs maisons, et chacun se hâtait de faire descendre dans les caves les femmes, les enfants, et d'y chercher soi-même un abri contre les redoutables projectiles ; le feu des Prussiens, dirigé principalement sur la caserne et sur le quartier de la cathédrale, atteignit surtout les hauteurs du Reménier, la place Saint-Louis et quelques maisons des rues avoisinantes. Un obus cependant tomba sur la Mairie ; la caserne en reçut une douzaine, la maison de M. Massé, sur la place Saint-Louis, et celle de M. l'abbé Pigé, dans la rue Pierre-de-Blois, furent également atteintes et assez gravement endommagées.

Cependant, la résistance, en se prolongeant, devait entraîner pour la ville d'incalculables désastres. L'autorité militaire, qui s'était résolue à défendre Blois, n'avait pris aucune des précautions nécessaires pour soutenir la lutte avec avantage ; le hameau de Montigny, le plateau de la Caserne, la terrasse de l'Evêché, qui offraient autant de points avantageux pour l'établissement des pièces d'artil-lerie, et qui auraient dû se trouver armées, au moins dès le matin du 10 décembre, n'avaient pas reçu une seule pièce de canon ; la ville se trouvait donc dans l'impuissance absolue de répondre au feu de l'ennemi. Dans cette situa-tion, et après une demi-heure de bombardement, sur les instances de la Commission municipale, on se décida à parlementer. Deux drapeaux blancs furent hissés, non sans péril, l'un sur la cathédrale et l'autre sur la Mairie, le feu cessa : un officier supérieur prussien se présenta à la brèche du pont du côté du faubourg, pendant que le général Barry, accompagné du maire, M. Pousset, et du commissaire de police, s'avançait de l'autre côté.

L'officier prussien s'enquit avec beaucoup de soin, si la rupture du pont était le fait des habitants de la ville ou de l'autorité militaire, si les gardes nationaux avaient pris part au feu, et demanda, comme condition expresse de la cessation du bombardement, le rétablissement immédiat de l'arche détruite, ajoutant que si dans trente-cinq minutes, ces conditions n'étaient pas acceptées, le feu recommencerait aussitôt.

Sur ces entrefaites, et pendant que l'on parlementait, M. Gambetta arrivait à la Préfecture dans un état de surexcitation extrême, ne parlant de rien moins que de faire fusiller celui qui avait fait hisser le drapeau blanc, il ordonna de résister à outrance ; en vain, plusieurs personnes essayèrent de lui démontrer l'inutilité de la prolongation de la lutte, en vain Monseigneur l'évêque de Blois, dans un but d'humanité, envoya M. l'abbé Venot, son secrétaire, pour demander que l'on ne continuât pas une résistance qui allait amener la destruction de la cité ; M. Gambetta n'écouta rien, les conditions prussiennes furent repoussées, et les habitants, renfermés chez eux, passèrent dans de mortelles angoisses la soirée et la nuit du 10 au 11 décembre ; plusieurs restèrent cachés dans les caves jusqu'au lendemain matin.

A neuf heures et demie du soir, comme on s'attendait à chaque instant à la reprise des hostilités, une seconde tentative fut faite auprès des Prussiens ; de nouveau, les parlementaires s'avancèrent de chaque côté sur le bord de la brèche, et le général Michaux demanda, au nom de l'humanité, une suspension d'armes de vingt-quatre heures, afin que les femmes, les enfants, les vieillards, pussent être éloignés de la ville ; l'officier ennemi refusa, disant qu'il ne serait pas accordé même une minute et que le bombardement allait recommencer aussitôt ; il n'en fut rien heureusement, et soit manque de munitions, soit pour toute autre cause, les Prussiens ne mirent point leurs menaces à exécution.

D'heure en heure, seulement, jusqu'à minuit environ, ils tirèrent quelques coups de canon, afin sans doute de tenir la population en alerte, et de l'empêcher de se livrer au repos.

Comme l'on pouvait craindre que l'ennemi profitât de la nuit pour essayer, soit en bateau, soit autrement, de passer la Loire, l'autorité militaire prit de grandes précautions, pour s'opposer à cette tentative, si elle avait lieu. Des sentinelles furent placées le long du Mail et des quais : la Mairie, l'hôtel d'Angleterre, le café de la Bourse et les premières maisons du quai du Département, furent remplies de troupes, tandis que sur la place de la Préfecture, dans la rue d'Angleterre et dans les larges rues du Bourg-Neuf, de pauvres mobiles, des soldats de la ligne, à peine vêtus, qui devaient au besoin prendre part à la lutte, couchaient en plein air, par un froid de dix à douze degrés.

Le lendemain, 11 décembre, quelques pièces de canon arrivèrent enfin, destinées à être placées en batterie sur la terrasse de l'Évêché où l'on commençait à creuser des tranchées; la ville était remplie de troupes appartenant pour la plupart au 15e corps débandé, et tout faisait présager que Blois allait être le théâtre d'une lutte sanglante; l'émigration vers les communes environnantes, des habitants qui n'avaient pas fui la veille, se fit sur une plus large échelle; presque toutes les maisons qui avoisinent la cathédrale et la place Saint-Louis, furent abandonnées, chacun se sauvait en emportant ou en cachant ce qu'il avait de plus précieux.

Cependant, et contre toute attente, la journée du dimanche se passa sans aucun incident sérieux, à peine quelques coups de feu isolés se faisaient-ils entendre à une assez longue distance du côté de Chouzy et de Chaumont; parfois, un bruit sourd et prolongé, venant de la direction de Marchenoir, nous apprenait que de ce côté, la bataille durait toujours entre les troupes du général de Chanzy et un corps allemand.

Les Prussiens, établis dans le faubourg et dans les communes de Vineuil et de Saint-Gervais, avaient passé cette même journée du dimanche dans une inaction au moins apparente ; on voyait de temps en temps quelques colonnes se former dans le val, au-dessous de la forêt de Russy, quelques uhlans courir à travers champs dans la direction de Chailles, mais aucun de leurs mouvements n'indiquait chez eux l'intention de recommencer leur attaque sur Blois. Leurs canons restaient muets, et quelques soldats ennemis, placés en faction le long du quai du faubourg, l'aspect des maisons dont tous les volets étaient fermés, étaient les seuls indices de la présence des Prussiens sur la rive gauche.

Dans la ville, à partir de midi, les préparatifs de résistance commencés le matin, furent abandonnés. Les pièces d'artillerie restèrent abritées derrière la cathédrale sans être mises en position. En même temps, les bruits les plus contradictoires continuaient à circuler sur le mouvement de l'armée prussienne qui se dirigeait sur Blois par la rive droite. On disait Beaugency réduit en cendres, l'armée de Chanzy en pleine déroute et Vendôme au pouvoir des Prussiens. Aucune communication de l'autorité militaire ou administrative, aucune dépêche ne venait informer les habitants de ce qu'ils pouvaient avoir à craindre ou à espérer.

Ce ne fut que le lendemain, lundi 12 décembre, qu'un fait dont la signification était manifeste, ne laissa plus de doute sur la prompte arrivée de l'ennemi.

Dans la nuit et le matin, les canons, les mobiles, les soldats de la ligne quittaient précipitamment la ville avec les voitures de réquisition, qui encombraient la route de Paris, et à dix heures, un fort détachement d'infanterie et deux batteries d'artillerie venant de Mer, défilaient silencieusement entre les profondes tranchées du chemin de fer, pour dérober leur marche à l'ennemi, ces troupes se dirigeaient sur Herbault et Château-Renault.

L'évacuation se continua pendant toute la journée ; à six heures du soir, il ne restait plus un uniforme à Blois : généraux et soldats, obéissant sans doute à des ordres supérieurs, avaient disparu, et le préfet, abandonnant l'hôtel de la Préfecture et l'équipement des mobilisés de Romorantin, fuyait à son tour (1) ; l'administration muni-

---

(1) Un journal, *la Liberté*, ayant dans le courant de décembre, raconté la prise de Blois, et reproché, entre autres choses, au préfet, M. Lecanu, d'avoir abandonné son poste en laissant tomber aux mains des Prussiens l'équipement des mobilisés, M. Lecanu fit répondre au journal par son secrétaire que les faits avancés par *la Liberté* étaient « *de pure invention,* » que les mobilisés de Loir-et-Cher, « partis avant l'envahissement de Blois, sous la conduite de leur colonel, M. de Périnelle, étaient au camp de Cherbourg, parfaitement armés et équipés. »

Ceci n'est pas entièrement exact ; il était bien vrai que les mobilisés de Blois et de Vendôme, équipés avant leur départ, se trouvaient à ce moment à Cherbourg, mais ceux de Romorantin, dont l'équipement, comme nous venons de le dire, avait été pris par les Prussiens à leur entrée à Blois, restèrent dans leurs foyers.

Plusieurs bons citoyens s'étaient cependant empressés d'offrir au préfet, dans les journées du 10 et du 11 décembre, chevaux et voitures, pour transporter au chemin de fer et mettre à l'abri du pillage, les trois mille uniformes complets de mobilisés qui se trouvaient à la Préfecture ; M. Lecanu ne profita pas des propositions qui lui étaient faites.

Dans la suite, il essaya de se justifier, en disant à ceux qui lui reprochaient de n'avoir pris aucune mesure pour sauver l'équipement des mobilisés, que cela regardait le capitaine d'habillement, ou bien encore qu'il n'avait pas voulu, en faisant procéder à l'enlèvement des objets déposés à la Préfecture, épouvanter la population de la ville. Ces raisons ne sont évidemment pas sérieuses.

En ce qui concerne son départ précipité de Blois, M. Lecanu,

cipale, nous devons lui rendre cette justice, demeura seule
à son poste : à peine un ou deux de ses membres, pour
des raisons peut-être discutables, crurent devoir se soustraire, par la fuite, à l'occupation désormais imminente.

Dans la ville, les magasins continuaient à rester fermés,
et l'on s'attendait à chaque instant à voir les Prussiens
arriver par la route de Paris.

Ce ne fut cependant que le lendemain que ces craintes
se réalisèrent, grâce à l'ignorance dans laquelle se trouvaient les Allemands du faubourg, de l'évacuation de Blois;
pour leur laisser croire que l'armée française occupait
toujours la ville, il était urgent de maintenir à l'extrémité
du pont les factionnaires qui surveillaient l'autre rive ;
aussi, le commandant de la garde nationale, s'étant vaine-
ment adressé à plusieurs gardes nationaux, M. Boulay,
commissaire de police, dont nous ne saurions trop louer
l'énergie et la présence d'esprit dans ces tristes circonstances, plaça ses agents en sentinelles; ils restèrent
en faction pendant toute la nuit du 12 au 13, se relevant à
tour de rôle.

Le mardi 13, à dix heures du matin, quelques uhlans,
précédant un détachement de cavalerie d'une centaine

---

independamment de ce qu'il dit avoir obéi, en agissant ainsi, aux
ordres qu'il avait reçus, affirme qu'en se rendant à Vendôme
d'abord, ensuite à Romorantin, il servait infiniment mieux les
intérêts de la défense nationale et ceux du département ; qu'il
était à même, de cette façon, de fournir, sur les progrès et le
caractère de l'invasion dans le Loir-et-Cher, des renseignements
utiles au général Chanzy et à la délégation de Bordeaux. Sous ce
rapport, M. Lecanu nous paraît avoir raison, et nous croyons qu'il
remplissait plus utilement ses fonctions, en se transportant sur les
différents points du département non occupés par l'ennemi, qu'en
restant prisonnier des Prussiens à l'hôtel de la Préfecture.

P. D.

d'hommes, firent leur apparition à Blois ; ils arrivaient par la route de Paris, suivis bientôt après d'un corps d'armée considérable qui défila dans la ville, musique en tête, avec son artillerie, ses munitions, ses bagages ; une partie se dirigea du côté d'Herbault, et un certain nombre, sept à huit mille environ, occupèrent Blois, se logeant chez les habitants, où ils se casèrent, suivant leur caprice ou l'apparence des maisons, par groupes de dix, quinze, vingt, et quelquefois même davantage.

Des postes prussiens furent immédiatement établis à la Préfecture et à la Mairie, des sentinelles placées à l'extrémité de toutes les avenues, la ville passant sous l'administration prussienne ; elle allait pendant trois longs mois supporter les lourdes charges de l'occupation, et se trouver en butte aux exigences, parfois aux brutalités et aux mauvais traitements des soldats allemands et de leurs chefs.

En vain, l'administration municipale avait essayé de déterminer les conditions de l'occupation ; l'ennemi n'avait voulu rien entendre ; Blois, coupable de s'être défendu, était traité comme une ville conquise, et livrée par les vicissitudes de la guerre à la discrétion du vainqueur.

Dès le matin, une affiche sans nom d'imprimeur, signée par le maire, engageait les habitants à venir déposer leurs fusils à la mairie, rendant ceux qui conserveraient des armes chez eux, responsables des conséquences qui pourraient en résulter.

De toutes parts, de Villebarou, de Villejoint, de Saint-Sulpice, de Chambon, rentraient les émigrants qui, en apprenant la prise de la ville par les Prussiens, et n'ayant plus à redouter le bombardement, revenaient à leurs domiciles, où beaucoup trouvaient déjà installés des hôtes aussi incommodes que nombreux.

II

L'OCCUPATION

Un des premiers soins de l'autorité militaire prussienne, après avoir pris possession de la ville, fut d'afficher deux placards qui avaient pour objet de faire connaître aux habitants, le premier, qu'ils étaient soumis au code militaire prussien, dont ils devaient observer certaines prescriptions sous peine de mort; le second, la quantité et la nature des aliments que l'on devait fournir par jour aux officiers et aux soldats.

Voici la reproduction textuelle de ce second document :

ORDRE DU JOUR

« Dans toutes les communes occupées par les troupes
« sous mes ordres, les hommes et les chevaux seront
« nourris par les habitants.
 « On devra donner chaque jour :

2

« 1° Aux sous-officiers et aux soldats :

« A midi, une soupe, 500 grammes de viande, un plat
« de légumes, un demi-litre de vin.

« Le soir, une soupe, 200 grammes de viande ou de
« fromage.

« Le matin, du café avec du sucre.

« Chaque jour, un kilogramme de pain et 100 grammes
« de beurre.

« 2° Aux officiers :

« A midi, un dîner composé d'une soupe, d'un plat de
« légumes avec de la viande, d'un rôti et d'un litre de vin.

« Le matin, un déjeuner de café ou de thé avec pain
« et beurre.

« Le soir, un souper de thé, avec pain, beurre, viande
« froide ou un plat chaud avec de la viande.

« 3° Pour chaque cheval :

« 6 kilogrammes d'avoine.

« 3 kilogrammes de paille.

« 3 kilogrammes de foin.

« *Le général en chef,*

« DE VOIGTS-RHETZ. »

Comme on le voit, les soldats et officiers du bon roi
Guillaume se traitaient bien à nos dépens, et leur alimentation constituait un impôt fort lourd, pour ceux qui
étaient obligés d'en nourrir dix, vingt, et même davantage.

Afin d'éviter une partie des charges de l'occupation aux
familles pauvres ou peu aisées de la ville, qui, par suite
de l'exiguïté de leurs logements et de l'insuffisance de leurs

ressources, se trouvaient dans une situation des plus pénibles, dès les premiers jours, la commission municipale avait essayé d'obtenir du commandant de place de procéder, elle-même, à la désignation des logements militaires. De cette façon la distribution des soldats ennemis dans chaque maison se fût faite d'après les règles établies, et eût été basée, autant que possible, sur la position ou la fortune de chacun; mais l'autorité prussienne, qui ne voulait pas faire connaître la quantité des troupes renfermées dans la ville, repoussa ce moyen, qui ne fut mis en pratique qu'exceptionnellement, trois ou quatre fois au plus pendant le cours de l'occupation : encore, arriva-t-il souvent, qu'il constitua une aggravation de charge pour plusieurs habitants, obligés de recevoir une demi-douzaine de militaires par billet de logement, alors que leur maison était occupée par un nombre égal ou supérieur de soldats qui s'y étaient déjà installés.

Vers la fin de décembre, il est vrai, la répartition des militaires allemands se fit d'une façon un peu moins arbitraire : le fourrier de chaque compagnie marqua à la craie, sur les volets ou sur les portes, le nombre d'hommes que la maison devait recevoir, mais, dans le principe, aucune règle ne présida à la distribution des logements, et les soldats s'entassèrent à leur gré dans les demeures des habitants.

L'occupation prussienne, dans les premiers jours surtout, arrêta complétement le travail ; les usines et les chantiers se fermèrent, les différentes administrations cessèrent de fonctionner, la poste et le télégraphe passèrent aux mains des Prussiens, qui ne les firent servir qu'à leur usage exclusif. La préfecture, abandonnée par le préfet, fut livrée au pillage. En vain, M. de Besson, secrétaire général, avait-il essayé de s'opposer à la dévastation des appartements et des bureaux. Pris pour le préfet par le premier officier ennemi qui avait occupé l'hôtel, M. de Besson fut emmené au poste, gardé à vue pendant trois heures, et ce ne fut qu'à la suite d'un assez long interrogatoire que lui fit subir le général, qu'il fut rendu à la liberté après que sa position eut été expliquée. Seulement le général lui déclara en même temps que l'hôtel de la préfecture, veuf de son titulaire, serait livré à l'occupation et à ses conséquences. Tout ce que put obtenir M. de Besson, par des efforts que ne découragèrent aucunes difficultés, fut de conserver intact le dépôt des archives.

Pendant les premiers jours de l'occupation, la plupart des magasins restèrent fermés, et il fallut un ordre affiché du commandant de place, le colonel Cordeman, menaçant de 50 francs d'amende tout commerçant qui tiendrait sa maison close, pour faire ouvrir les portes et les devantures des magasins ; mais le soir, à peine à la nuit tombante, tout se fermait de nouveau, et dès quatre heures et demie, les rues devenaient complétement désertes.

Le mercredi 14 décembre, avec le concours des menuisiers et des pontonniers de la ville, l'arche du pont détruite fut remplacée par une travée en planches, et le lendemain, la plus grande partie de l'armée du prince Frédéric-Charles qui, après la reprise d'Orléans, s'était dirigée vers Blois par la rive gauche, défila à travers la ville, avec une artillerie composée d'une centaine de pièces de canon et prit la route de Vendôme.

Cette armée était divisée en trois colonnes : la plus considérable avait longé le fleuve par la route de Saint-Dyé, c'était celle qui s'était emparée du faubourg de Vienne le 10 ; la seconde était venue par Dhuizon et Bracieux ; la troisième avait passé par Romorantin, en faisant une pointe jusqu'à Vierzon ; mais la présence dans cette dernière ville de l'armée de Bourbaki, ne lui avait pas permis d'aller plus avant, et elle était venue faire sa jonction avec les autres corps par Cour-Cheverny, en emmenant jusqu'à Contres quelques notables de Romorantin, qui ne devaient être relâchés qu'après avoir payé une assez forte rançon.

Après l'avénement de la république décrétée par M. Gambetta et les hommes du 4 septembre, Blois avait reçu des mains du préfet, M. Lecanu, une commission municipale chargée de remplacer le nouveau conseil récemment et régulièrement élu. Les lauriers de Blois avaient empêché Romorantin de dormir, et quelques jours après, cette dernière ville se trouvait également pourvue, par un complaisant arrêté préfectoral, d'une commission municipale composée d'une douzaine de membres.

Les Prussiens, en arrivant à Romorantin, frappèrent la ville, suivant leur habitude, d'une contribution de 30,000 francs, et comme les habitants paraissaient peu disposés à verser cette somme, ils emmenèrent jusqu'à Contres huit des commissaires municipaux, qu'ils rendirent à la liberté deux jours après, lorsque l'argent qu'ils avaient demandé fut entre leurs mains.

Le défilé de ces trois colonnes réunies dura, nous venons de le dire, pendant toute la journée du 15, de huit heures du matin à quatre heures du soir, et chacun se demandait, le cœur serré, à quoi avait servi le simulacre de défense, dont le résultat le plus clair était le bombardement de la cité et la rupture du pont, puisque quatre jours après, l'arche rétablie et la ville occupée, l'ennemi avait effectué son mouvement contre l'armée de Chanzy, dont on entendait encore gronder le canon dans la direction de Vendôme.

Du reste, et pendant de longs jours, on allait se trouver réduit aux conjectures en ce qui concernait le sort de nos armées, et les événements militaires qui se passaient si près de nous; les bruits les plus contradictoires circulaient, avidement recueillis par la population, privée de nouvelles; quelques personnes ayant pu se procurer un journal publié à Tours, à la date du 16, le *Républicain*, qui contenait une dépêche mensongère, d'après laquelle Guillaume et Bismark se trouvaient bloqués dans Versailles par l'armée de Paris, communiquaient mystérieusement et avec joie le numéro du journal, porteur de la fausse nouvelle; les Prussiens en eurent connaissance, et bientôt une nouvelle affiche du soupçonneux commandant Cordeman, vint défendre aux habitants, sous des peines sévères, de faire circuler des dépêches d'origine française.

Au chagrin d'être privé de toute espèce de communication avec le reste de la France, vinrent se joindre les ennuis, les vexations sans nombre auxquels on était en butte de la part des Prussiens. Chaque jour c'étaient de nouvelles exigences, et la soumission la plus complète de la population désarmée, ne la préservait pas encore des insultes et des mauvais traitements.

Le commandant de place avait établi son bureau, la commandature, comme disaient les Allemands, à l'Hôtel-de-Ville dans le cabinet du maire; c'était là que devaient aller réclamer ceux qui avaient des griefs à formuler contre les exigences ou la brutalité des soldats. Quelques-uns essayèrent d'abord de se plaindre, mais ils y renoncèrent bientôt, durement et grossièrement éconduits par le commandant, qui n'écoutait jamais aucune réclamation.

Chacun se résigna donc à souffrir en silence, pendant que redoublait l'arrogance des soldats ennemis, à peu près sûrs de l'impunité.

Nous ne pouvons entrer ici dans les détails de tous les actes de violence, commis par les Prussiens à l'égard des habitants inoffensifs ; nous en citerons seulement quelques-uns qui se produisirent dans le courant de décembre.

Chez M. Girault, vice-président du tribunal, trente soldats, après l'avoir menacé et insulté, forcèrent plusieurs meubles et s'emparèrent d'une montre en or et de quelques bijoux.

M. Bizeau fut, par un beau soir de décembre, mis à la porte de chez lui avec sa femme et ses enfants ; une de ses filles fut frappée, et il ne dut qu'à l'hospitalité d'un voisin de ne pas passer la nuit dehors, au risque d'y périr de froid avec sa famille.

Quatre uhlans se présentèrent chez M. Givet, rue Franciade, à huit heures du soir, et, comme il n'avait pas d'écurie, ils établirent leurs chevaux dans la cuisine, après avoir pris à M. Givet sa chambre et son lit.

La maison de M. de Bersy, rue des Domaines, fut complétement dévastée, un abattoir établi dans sa cour, les appartements livrés au plus affreux pillage ; il en fut de même chez M. Brault.

A l'hôtel du Cheval-Blanc, tenu par M. Moreau, des soldats, après avoir mis le feu dans une chambre, loin de chercher à l'éteindre, s'éloignèrent en riant ; une partie du mobilier fut consumé. Tous les jours, de nombreux feux de cheminée éclataient sur divers points de la ville ; la maison Pouponneau, près du cimetière, fut incendiée.

Une fois établis dans une maison, les Prussiens en étaient les maîtres absolus. Heureux les propriétaires, quand on leur laissait une chambre où ils pussent passer la nuit et la journée avec leur famille. Le faubourg, occupé trois jours avant Blois, et pendant l'irritation de la lutte, avait eu beaucoup à souffrir du nombre considérable autant que des exigences des soldats ennemis ; plusieurs maisons, le café du Pavillon, entre autres, furent livrées au pillage, les habitants frappés et maltraités.

Avec des hôtes qui faisaient nuit et jour des feux à demi-cheminée, se servant, quand le combustible manquait, des meubles ou des parquets brisés, qui pillaient les caves et mangeaient avec une voracité dégoûtante, les provisions de bois et de vin s'épuisaient vite, les bourses se vidaient promptement, et pour surcroît de souffrances, par suite de l'interruption des communications, les denrées alimentaires, et surtout les articles d'épicerie, atteignirent bientôt un prix des plus élévés.

Le sucre, par exemple, qui avant l'invasion valait 70 centimes le demi-kilogramme, se vendit bientôt 2 francs, même 2 francs 50; l'huile à brûler se paya 5 francs le litre, le café 2 francs 50 les cinq cents grammes, le sel doubla de valeur, et ainsi de la plupart des autres produits. Quelques épiciers, sans scrupule, dont tout l'approvisionnement avait été fait avant l'occupation, réalisèrent des bénéfices considérables, non-seulement avec les Prussiens, ce qui eût été de bonne guerre, mais encore avec leurs concitoyens, qui furent traités, sous ce rapport, sur un pied d'égalité parfaite avec l'ennemi.

Le pain monta progressivement de 2 francs à 2 francs 60, la viande se maintint seule à peu près à son prix habituel; les œufs, les légumes, étaient introuvables; les pommes de terre, dont les Prussiens se montraient si friands, doublèrent de valeur; le beurre et le lait, que le facétieux commandant de place faisait entrer dans l'alimentation de ses soldats et de ses officiers, après que par ses ordres presque toutes les vaches des environs de la ville avaient été réquisitionnées, devinrent plus rares encore, et le manque de charbon à l'usine à gaz et à la pompe à feu, faisait craindre aux habitants la privation prochaine d'eau et de lumière.

L'année 1870 se termina sous ces sinistres auspices;

aucun cri de joie ne salua l'avénement de la nouvelle année ; le seul vœu que l'on formait était la délivrance de l'occupation, et la fin d'un état de choses dont rien ne faisait encore prévoir le terme.

Si Blois avait à souffrir de l'invasion, les communes environnantes, Saint-Gervais, Vineuil, Cellettes, Candé, La Chaussée, Saint-Denis, Villebarou, Chambon, n'étaient guère moins maltraitées : épuisées de réquisitions, s'étant vu enlever bestiaux, grains, fourrages ; elles avaient eu en oûtre, plus que la ville peut-être, à se plaindre des mauvais traitements de l'ennemi. Dans une des plus importantes de ces communes voisines, une femme, en l'absence de son mari, fut violée par six uhlans ; beaucoup de paysans frappés à coup de plat de sabre ou de crosse, menacés de la baïonnette, avaient été obligés de donner tout ce qu'ils avaient chez eux.

A Vineuil, on manqua de pain pendant deux jours, et dans le courant de janvier, les habitants étaient réduits à se nourrir de viande de porc, qu'ils ne pouvaient pas toujours se procurer en quantité suffisante.

Les communes plus éloignées, telles que Cour-Cheverny, Contres, les Montils, Sambin, Chouzy, n'avaient été occupées que temporairement, mais elles recevaient plusieurs fois par semaine la visite des uhlans réquisitionnaires, qui enlevaient tous les approvisionnements de fourrages ; ils emmenaient les vaches, les moutons, laissant aux propriétaires dépouillés, des bons de réquisitions écrits en allemand, et qui, souvent, au lieu de faire mention des objets enlevés, ne contenaient que des plaisanteries grossières ou des injures.

Chaque jour, on voyait rentrer en ville, escortés d'une demi-douzaine de uhlans, et conduites par le fermier lui-même, d'énormes charrettes chargées de foin, d'avoine, de paille ; les voitures, les chevaux, les vivres, tout était pris par les Prussiens ; les campagnes, à cinq ou six lieues à la ronde, étaient dévastées ; les champs, faute de semences, et aussi par suite du manque absolu de sécurité, restaient incultes ; partout, autour de Blois, régnaient la désolation et la terreur.

Dans la ville, les souffrances, quoique fort vives, étaient adoucies, pour les classes peu aisées, par la délivrance quotidienne des bons de pain et de viande ; il suffisait de déclarer à la Mairie que l'on avait tant de Prussiens à nourrir, pour obtenir un nombre égal de kilogrammes de pain et de demi-kilogrammes de viande. Quelques-uns en abusèrent par des déclarations qui n'étaient pas toujours exactes ; d'autres, en profitèrent, car il arrivait souvent que les Prussiens, en s'installant dans un ménage pauvre, apportaient une ration de viande, plus que suffisante pour leur nourriture. Le contrôle, on le conçoit, était à peu près impossible, et la ville, privée depuis l'invasion du droit des octrois, le plus clair de ses revenus, dépensait chaque jour, de cette façon, une moyenne de 3,000 francs.

Le bois, avec l'énorme consommation qu'en faisaient les soldats ennemis, avait bien vite manqué, mais grâce au voisinage des forêts de Blois et de Russy, qui furent mises au pillage, la ville se trouva bientôt abondamment pourvue. Dans le principe, les ouvriers privés de travail et ayant à pourvoir au chauffage de leurs hôtes, s'étaient contentés de couper du bois mort ou de débiter les arbres abattus au mois d'octobre, dans le but d'opposer un obstacle à l'ennemi, s'il voulait pénétrer dans la forêt ; mais, par la suite, l'exploitation des forêts dont nous venons de parler fut mise en coupe réglée, et devint fort lucrative.

Un grand nombre d'individus, bûcherons improvisés, travaillaient toute la journée à abattre les plus beaux arbres, qu'ils débitaient ensuite et vendaient à très-bas prix comme bois de chauffage, à ceux des habitants de la ville assez peu scrupuleux pour en acheter.

Quant à la répression immédiate de ces délits, il n'y fallait point songer; les gardes forestiers dressèrent cependant des procès-verbaux, et, après la conclusion de la paix, un certain nombre d'acheteurs et de vendeurs comparurent en police correctionnelle : plusieurs furent condamnés à diverses amendes, quelques-uns même à la prison.

Du 25 décembre au 5 janvier, Blois fut traversé par de nombreux passages de troupes, qui se dirigeaient du côté du Mans, où devait bientôt se livrer une nouvelle grande bataille, dont le sort, hélas ! allait nous être encore défavorable. Contrairement à ce que nous avaient tant de fois répété les dépêches les plus officielles du gouvernement, les soldats prussiens, loin d'être déguenillés, sans chaussures, exténués de privations, étaient tous très-bien équipés, et dans un état de force et de santé qui contrastait singulièrement avec le délabrement de nos soldats, dont les vêtements en lambeaux, les traits hâves et décharnés, nous avaient si douloureusement frappés, lorsqu'ils s'étaient réfugiés dans nos murs après la défaite du général d'Aurelles de Paladines.

Pendant la plus grande partie de janvier, la ville ne fut occupée que par un petit nombre d'ennemis, sept à huit cents tout au plus; les uhlans n'en continuaient pas moins leurs audacieuses excursions; cependant, une ou deux fois, ils furent attaqués par des francs-tireurs cachés dans la forêt de Russy : le 4, un uhlan fut tué et un autre grièvement blessé, entre Clénord et Saint-Gervais.

Craignant sans doute que les francs-tireurs qui avaient tiré sur eux ne fussent les éclaireurs d'un corps d'armée français, et pour se mettre à l'abri d'une surprise dont leur petit nombre rendait le succès presque certain, les Prussiens barricadèrent le pont à ses deux extrémités, avec d'énormes madriers percés de créneaux, minèrent deux arches du côté du faubourg, et enduisirent de goudron, afin de la rendre plus inflammable, la travée en planches qui remplaçait l'arche détruite ; en même temps, ils surveillèrent avec plus de rigueur la sortie des habitants, et il devint indispensable d'être muni d'un laissez-passer, signé du commandant de place, même pour franchir le faubourg.

Quelques jours après, ayant appris que des zouaves et des francs-tireurs en petit nombre, se trouvaient à Chouzy, une centaine de Prussiens se déguisèrent, et revêtant l'uniforme des soldats français, partirent pour les surprendre ; mais les zouaves, prévenus, purent déloger à temps.

Jusqu'au 25 janvier la ville, presque débarrassée de l'occupation, fut relativement moins malheureuse ; un assez grand nombre d'habitants passèrent près de trois semaines sans avoir un seul ennemi à loger, et les actes de brutalité, à l'intérieur des maisons, devinrent plus rares. Vers le milieu du mois, un boulanger du Bourg-Neuf, M. Delaporte, fut, il est vrai, mortellement blessé d'un coup de feu, mais chacun sait à Blois dans quelles circonstances il fut frappé, et tout en déplorant sa fin tragique, on doit reconnaître qu'il se l'était attirée par sa seule imprudence.

Un peu plus tard, un Prussien logé chez un ferblantier nommé Dutertre, fut trouvé mort dans la chambre qu'il occupait : il avait la poitrine traversée d'une balle et portait les traces de plusieurs coups de baïonnette ; les voisins avaient bien entendu, la veille au soir, Dutertre rentrer avec son hôte, et après une légère altercation, le bruit d'un coup de fusil, mais comme il était de règle, une fois la nuit venue, de ne point s'inquiéter de ce qui se passait en dehors de chez soi, personne n'avait eu la curiosité, parfois dangereuse , d'aller sur le moment aux informations ; le lendemain, à l'heure de l'appel, on trouva le Prussien mort. Quant à Dutertre, il avait disparu, et les recherches faites pour le trouver demeurèrent heureusement sans résultat.

Le commandant de place feignit une grande irritation, en apprenant la mort d'un de ses soldats ; il parla d'abord de livrer la ville au pillage, et finalement exigea une contribution de deux cent mille francs. Si cher que puisse valoir un Prussien, le maire, M. Pousset, qui, dans cette circonstance, montra une grande fermeté, et qui fut énergiquement secondé par M. Chavigny, membre de la commission municipale, trouva la note un peu exagérée, d'autant qu'il était impossible de savoir à la suite de quels faits le soldat ennemi avait été tué, et que si des présomptions s'élevaient contre Dutertre, rien ne prouvait d'une manière certaine qu'il fût l'auteur du meurtre.

M. Pousset refusa donc nettement les deux cent mille francs ; il se rendit au Mans, avec M. Chavigny, au quartier général du prince Frédéric-Charles, pour lui exposer l'affaire et lui demander la remise de la contribution de guerre dont le commandant avait arbitrairement frappé la ville ; contre toute attente, MM. Pousset et Chavigny réussirent dans leur aventureuse démarche, et revinrent bientôt à Blois avec la bonne nouvelle.

Du 12 au 22 janvier, la ville fut attristée par l'arrivée de nombreuses colonnes de prisonniers français faits après la désastreuse bataille du Mans. Presque chaque jour il en passait de quinze cents à deux mille, qui couchaient à Blois, pour être le lendemain dirigés sur l'Allemagne ; la population tout entière se portait au-devant de nos malheureux soldats, et chacun, malgré les charges de l'occupation, rivalisait dans la mesure de ses moyens, pour offrir du pain, du vin, des vêtements, même de l'argent aux prisonniers.

Ces démonstrations si naturelles, nous allions dire si touchantes, irritaient au plus haut point les Prussiens, qui repoussaient brutalement à coups de crosse ceux qui osaient s'approcher de nos infortunés soldats, pour leur serrer la main, et reconforter leur courage. Plusieurs habitants, entre autres MM. Raymond et Daridan, coupables d'avoir témoigné trop vivement leur sympathie, furent arrêtés et emprisonnés pendant un temps plus ou moins long, suivant le caprice des officiers allemands.

En dépit des Prussiens, un comité se forma néanmoins pour distribuer des vivres, des vêtements chauds, quelque menue monnaie aux prisonniers. MM. Bastard, Beauvallet (juge de paix), Baschet, Besnard (président du tribunal), Daridan (avoué), Damar, Douin, Delagrange, Foucault, Lacaille (greffier), Lafon de Ladhuye, Petit (banquier), Pelletier (ancien procureur impérial), Riffault, Roche, élève en pharmacie, les Dames du Refuge, une foule d'autres personnes, firent d'abondantes collectes, provoquèrent de nombreuses souscriptions; chacun, pauvre ou riche, apportait son obole. Les dons furent si importants, que pour le dernier convoi des prisonniers, composé de douze cents hommes, indépendamment des vivres et des vêtements, chaque soldat reçut 20 centimes.

Un certain nombre, grâce à la connivence patriotique des habitants, parvinrent à s'évader ; on ne calculait point les dangers encourus, en favorisant la fuite d'un prisonnier, celui qui était assez heureux pour s'échapper des rangs, ou de la caserne, et entrer dans la première maison qu'il trouvait ouverte, était aussitôt affublé de nouveaux habits, et rendu méconnaissable; grâce à ce travestissement, il pouvait, la nuit venue, gagner une partie du territoire non envahi.

Mais malheur aussi à l'infortuné qui échouait dans sa

tentative ; ses sauvages gardiens le frappaient sans pitié, et souvent le laissaient sans vie sur le chemin. Trois mobiles qui, en traversant la ville, avaient cherché à se sauver, furent littéralement assommés à coups de crosse de fusil, par leurs lâches et féroces bourreaux.

Le 25 janvier, par suite d'un système pratiqué sur la plus large échelle dans tous les départements occupés, le commandant de place, de Cranach, obéissant à des ordres supérieurs, annonça à la commission municipale que la ville était frappée d'une contribution de guerre d'un million.

La commission effrayée refusa, et à la suite d'une altercation assez vive avec le commandant, MM. Pousset et Chavigny furent arrêtés et conduits d'abord à Orléans, puis enfermés à Mayence dans une casemate, d'où ils ne sortirent qu'après la fin de la guerre.

Pendant que ces événements se passaient dans nos murs, le 25e corps d'armée, formé à Châteauroux et à Issoudun, sous le commandement du général Pourcet, et sur les instances réitérées du préfet, M. Lecanu, qui s'était établi à Romorantin, se préparait à tenter une attaque sur Blois et à reprendre la ville aux Prussiens.

III

REPRISE DU FAUBOURG DE VIENNE

Pendant que les Prussiens, continuant leur mouvement offensif, se dirigeaient à l'ouest vers la Bretagne, à la poursuite du général Chanzy, et au sud, descendaient jusqu'à Tours, dont ils s'emparaient sans résistance, le gouvernement de Bordeaux, informé par le préfet de Loir-et-Cher, M. Lecanu, de la faible garnison ennemie qui occupait Blois, donnait l'ordre au comte Pourcet, commandant du 25e corps, de tenter une attaque sur cette dernière ville.

Du 20 au 27 janvier, le 25e corps, dont le quartier général était à Romorantin, se concentra entre St-Aignan et Romorantin, et marcha sur Blois par Contres et Cour-Cheverny.

Il se composait d'une artillerie assez nombreuse, de deux ou trois bataillons de chasseurs, quelques bataillons de ligne, des mobilisés de l'Indre et d'un détachement de cavalerie.

Le 26, les avant-postes français étaient à Cellettes, et la veille, une vingtaine de uhlans qui s'étaient avancés jusqu'à Contres, y avaient été accueillis par une vive fusillade, dirigée par des francs-tireurs cachés dans les maisons de la place. On avait bien vite connu ces événements à Blois, et tout le monde s'attendait à voir paraître les uniformes français sur le revers du côteau de Saint-Gervais, et à une bataille sur la rive gauche.

Cependant, l'autorité prussienne, tout en redoublant de surveillance, ne paraissait pas s'inquiéter beaucoup des projets de l'armée française ; comme nous l'avons dit précédemment, la ville avait été frappée d'une contribution de guerre de 50 francs par tête ou d'un million, et le commandant de place semblait n'avoir d'autre souci que de faire rentrer, dans les caisses allemandes, le produit de cet impôt à la prussienne. Le 27, la veille même de l'attaque du faubourg, les maires des communes rurales envahies, étaient convoqués à la *commandature*, pour recevoir communication d'un ordre supérieur qui, sous peine d'exécution militaire, les frappait d'une contribution de 25 francs, par habitant : on ne leur accordait que jusqu'au lundi 30 pour se prononcer.

Le lendemain, 28 janvier, dans la matinée, il était facile de remarquer chez les Prussiens du faubourg et de la ville, une agitation inaccoutumée ; le pont était gardé plus sévèrement que jamais, tous les regards étaient fixés du côté de la forêt de Russy, on s'abordait mystérieusement pour s'entretenir des mille bruits qui circulaient, et chacun était dans l'attente de graves événements, que l'on sentait devoir se produire d'un instant à l'autre.

La plus grande partie de la journée se passa cependant sans incident ; ce ne fut que dans l'après-midi, vers quatre heures, qu'une fusillade bien nourrie qui s'engageait du côté de Vineuil et de Saint-Gervais, vint apprendre à la population palpitante d'anxiété, l'arrivée de l'armée française et le commencement de la lutte. Bientôt le canon gronda : plusieurs pièces établies à la côte de Saint-Gervais, lancèrent sur le faubourg d'abord et plus tard sur la ville, une grêle de projectiles ; les Prussiens placés derrière l'octroi de Chailles, abrités par les différentes levées qui entourent le faubourg, résistèrent pendant une heure et demie environ ; sur la rive droite, le long des quais jusqu'à l'abattoir, des tirailleurs ennemis surveillaient la route de Chailles et faisaient feu sur les soldats français qui arrivaient de ce côté pour tourner le faubourg. Néanmoins deux pièces d'artillerie et une mitrailleuse y furent mises en position, envoyant sur le pont des boulets et des balles, pendant qu'un bataillon de chasseurs, chargeant à la baïonnette les Prussiens établis dans le val, les refoulait en désordre jusque dans les maisons d'où ils ne tardèrent pas à être délogés. Bientôt leur déroute fut complète ; ils s'enfuirent précipitamment en laissant une centaine de prisonniers entre nos mains, mais ils eurent le temps de mettre le feu aux mines pratiquées sous deux arches ; fort heureusement elles ne partirent pas et le pont resta intact.

La travée en planches qui remplaçait l'arche rompue fut seule détruite, grâce aux matières inflammables accumulées sous la passerelle ; d'énormes gerbes de flammes éclairèrent les deux rives du fleuve, puis tout rentra dans le silence, la fusillade avait cessé avec la retraite des Prussiens. La destruction de la passerelle rendait impossible la poursuite de l'ennemi et la continuation de la lutte dans la ville.

Néanmoins l'alerte avait été vive : un instant on avait pu espérer une évacuation complète, les fourgons, les chariots, réunis sur la Grande-Pièce, avaient été attelés et se disposaient, au premier signal, à prendre la fuite. Le manque d'artillerie inquiétait beaucoup nos ennemis, qui, depuis le commencement de la guerre, ne devaient le succès qu'à leur supériorité sous ce rapport.

Le faubourg se trouvait donc momentanément délivré, mais à Blois, la situation devint intolérable pour les habitants qui avaient à supporter la mauvaise humeur des soldats ennemis, battus sur la rive gauche ; la nuit du 28 au 29 fut calme ; cependant presque personne n'osa se livrer au sommeil, on craignait à chaque instant d'entendre le bruit du canon et de la fusillade, et l'on redoutait encore les excès auxquels pourraient se porter, dans ce cas, les Prussiens logés dans chaque maison.

Le lendemain, dès le matin, les boutiques des boulangers et des bouchers furent envahies par les soldats qui les dévalisèrent presque entièrement. Les habitants, craignant de ne pouvoir se procurer des vivres, s'empressèrent à leur tour d'aller aux provisions et durent se contenter de ce que les Prussiens avaient bien voulu laisser. Chacun s'enferma ensuite chez soi ; du reste, la circulation dans les rues était dangereuse ; on était bousculé, frappé sans motif, et il n'était pas prudent de s'approcher du pont et des quais, soigneusement gardés par de nombreux factionnaires.

Pour intimider la population et l'empêcher, dans le cas d'une nouvelle attaque, de prendre part à la bagarre, la garnison resta sous les armes pendant toute l'après-midi ; de fortes patrouilles, le pistolet au poing, sillonnèrent les rues jusque fort avant dans la soirée ; sous le moindre prétexte, les passants étaient arrêtés, fouillés, emprisonnés.

On ne laissait aucun groupe se former sur la voie publique : si deux ou trois personnes s'arrêtaient pour causer ensemble, elles étaient brutalement assaillies à coups de crosse de fusil, et n'avaient d'autres ressources que la fuite, pour se soustraire aux brutalités révoltantes des soldats. Dès quatre heures, les patrouilles forçaient les citoyens à rentrer dans leurs demeures, le vieux colonel de uhlans,

de Below, que sa mine excentrique avait fait surnommer
Don Quichotte, faisait lui-même la police des rues ; un
pistolet à la main, 'il parcourait les différents quartiers
de la ville en criant aux habitants de se retirer immédiatement chez eux. A l'intérieur des maisons, les exigences
et les mauvais traitements redoublèrent, plusieurs soldats
frappèrent des personnes inoffensives, non plus seulement
avec la crosse de leur fusil, mais avec leur baïonnette,
des femmes mêmes furent blessées. Enfin, dans certaines
rues, les Prussiens s'amusaient à « chasser aux passants. »

Dans la rue des Bureaux, un ébéniste, M. Foucault,
qui regagnait tranquillement son domicile, essuya un coup
de feu et eut son paletot traversé d'une balle ; dans le
Bourg-Neuf, des soldats rentrant dans les maisons où ils
étaient logés, n'attendaient pas que l'on vînt leur ouvrir
les portes, et annonçaient leur arrivée en tirant des coups
de fusil dans les fenêtres des premiers étages, au risque de
tuer les habitants ; dans la rue Gallois, un employé de la
Préfecture, M. Souchay, qui se tenait accoudé sans dé-
fiance sur la balustrade de la petite terrasse de sa maison,
reçut, d'un ulhan qui passait, un coup de pistolet à bout
portant : la balle heureusement ne l'atteignit pas. Ces
scènes odieuses durèrent trois jours.

Beaucoup, recommençant leurs exploits des premiers
jours, brisèrent les meubles et vidèrent les caves ; le lendemain plus de la moitié étaient dans un état d'ivresse
dégoutante ; le 30, six pièces d'artillerie et un renfort de
mille à quinze cents hommes arrivèrent à la 'garnison,
deux pièces furent placées au sommet de l'escalier monu-
mental, menaçant, dans le cas d'une reprise des hostilités,
de détruire une partie de la ville et le faubourg.

Cependant les Français, depuis qu'ils avaient pris possession de la rive gauche, ne bougeaient plus ; le gros de leurs

forces s'était même replié à Cour-Cheverny, où le comte
Pourcet avait établi son quartier-général. Le bruit propagé
par les Allemands de la reddition de Paris, de la conclusion
d'un armistice, circulait en ville, mais la population se
montrait incrédule, tandis qu'elle recueillait avidement la
nouvelle malheureusement fausse, des victoires de Trochu
à Melun, de Vinoy à Versailles et de Bourbaki dans l'Est,
et c'était au moment où Bourbaki venait, de désespoir,
d'attenter à sa vie, où Vinoy et Trochu, prisonniers de
guerre, avaient rendu Paris, que quelques misérables ré-
pandaient le bruit de nos victoires imaginaires.

L'autorité prussienne, avertie par une dépêche de Versailles de la conclusion de l'armistice, avait fait assembler
la commission municipale, pour lui donner connaissance
de la suspension des hostilités ; mais la commission, en
l'absence de toute communication du gouvernement de
Bordeaux, refusa d'y ajouter foi et ne voulut prendre
aucune mesure pour assurer l'exécution de l'armistice ; il
était difficile du reste de croire à la bonne foi de l'ennemi,
en présence des précautions militaires qu'il prenait sur
les quais et aux alentours du pont.

Toutes les maisons étaient occupées, les étages, les toits
crénelés, les persiennes à claire-voie étaient fermées, à
chacune un barreau enlevé permettait aux soldats placés
à l'intérieur, de diriger un feu meurtrier sur les troupes
qui auraient tenté, ou de rétablir le pont, ou d'effectuer
le passage du fleuve.

Ces dispositions, on le comprend, n'étaient pas de
nature à faire croire à une suspension d'armes. La commission municipale résolut toutefois de s'assurer de la
véracité du fait en s'adressant au colonel français qui
occupait le faubourg. MM. Dufay et Poulain obtinrent du
commandant prussien l'autorisation de passer en bateau

sur la rive gauche. Le colonel français Fourcault leur confirma la nouvelle de la cessation des hostilités, et revint avec eux à Blois, deux heures après, pour traiter avec les autorités prussiennes d'un *modus vivendi* pendant l'armistice ; on convint d'abord, dans l'ignorance où l'on était des conventions passées à Versailles entre Bismark et M. Jules Favre, que les troupes seraient nourries par l'intendance prussienne, la question du casernement des soldats fut agitée, mais sans résultat.

L'entrevue du colonel Fourcault et des officiers allemands avait eu lieu à l'hôtel d'Angleterre; un nombre assez considérable d'habitants, avides de revoir un uniforme français s'étaient portés devant l'hôtel, attendant avec impatience la sortie du colonel. Lorsqu'il parut, des cris nombreux de « vive la France ! » mêlés, dit-on, de quelques cris de : « à bas la Prusse » se firent entendre : en vain, l'officier français recommande la prudence, les cris redoublent, et alors les soldats prussiens qui se trouvaient dans la rue, ivres de vin et de fureur, tirent leurs sabres et frappent sans pitié la population éperdue qui se sauve de toutes parts, poursuivie jusque dans ses demeures, par ces misérables, indignes du nom de soldats. Un jeune enfant de 12 ans, en élevant ses bras au-dessus de sa tête, pour éviter un coup de sabre, eut le poignet complétement coupé, les personnes les plus honorables, des femmes, des vieillards, furent frappés avec la même barbarie ou foulés aux pieds des chevaux d'un détachement de uhlans qui arrivaient, à ce moment même, dans la rue Denis-Papin et qui furent heureux d'aider « leurs camarades » dans cette œuvre courageuse : mais l'initiative de ce glorieux exploit appartient tout entier au 16e régiment d'infanterie prussienne.

Après le départ du colonel Fourcault, on connut dans la

ville la funeste nouvelle de la capitulation de Paris, et les principales clauses de l'armistice, dont l'une, entre autres, livrait à l'occupation allemande tout le département de Loir-et-Cher ; les troupes françaises durent donc se retirer de l'autre côté du Cher, et les habitants du faubourg, momentanément débarrassés de leurs hôtes étrangers, les virent bientôt revenir.

Les communications entre les deux rives du fleuve, furent établies au moyen de bateaux de passage, pendant que l'on travaillait activement à reconstruire la passerelle détruite par le feu.

De nombreuses familles qui avaient fui devant l'invasion, rentrèrent à Blois dès les premiers jours de l'armistice, et celles qui avaient abandonné entièrement leur maison, retrouvèrent leurs demeures dans un état de dévastation dont rien ne saurait donner une idée ; les marbres des cheminées étaient cassés, les cloisons enfoncées, les boiseries, les parquets brisés, la plupart des meubles dégradés ou disparus, et souvent, les cachettes dans lesquelles ils avaient renfermé du linge ou des objets précieux, découvertes par les Prussiens, et vides de tout ce qu'elles avaient pu contenir.

Mais au milieu de la tristesse générale que causait à tous les citoyens la certitude de nos revers et de notre humiliation, chacun éprouvait un vif soulagement, à la pensée que la paix sortirait des élections qui allaient se faire pendant l'armistice, et que la délivrance de l'odieuse domination prussienne était proche.

IV

L'ARMISTICE.

La conclusion de l'armistice arrivait fort à propos pour empêcher, à Blois, la disette absolue de toutes les denrées nécessaires à la vie. Dans le courant de janvier, M. Lecanu, toujours à Romorantin, avait, d'après un ordre de M. Gambetta, pris un arrêté qui interdisait aux bouchers, aux marchands de volailles et de comestibles de Blois, de faire des achats sur les marchés des villes du département non au pouvoir de l'ennemi ; cette défense, étendue aux départements limitrophes, avait amené, dans la ville, un renchérissement considérable sur tous les objets de consommation.

Cette mesure barbare, justement reprochée à M. Lecanu et à son gouvernement, n'atteignait que les habitants de Blois, et pouvait être désastreuse pour les communes environnantes. Les Prussiens, en effet, ne trouvant plus de vivres dans la ville, auraient procédé, avec plus de rigueur, à leurs réquisitions, et tandis qu'ils se seraient procuré, de cette manière, une nourriture tout aussi abondante, les habitants étaient exposés à subir une surélévation énorme dans les prix des denrées alimentaires.

L'armistice améliora la situation, sous ce rapport, mais ne diminua en rien les exigences des Prussiens.

On avait pu croire, dans les premiers jours, que la ville allait être débarrassée de la charge bien lourde de la nourriture des soldats ennemis. Le 3 février, une affiche, publiée en allemand et en français, signée du commandant de place, avait même prévenu officiellement les habitants que, pendant la suspension d'armes, les troupes allemandes se nourriraient à leurs frais, mais, le lendemain, une autre affiche, publiée en français seulement, annulait celle de la veille, et laissait de nouveau à notre charge le logement et la nourriture des Prussiens pour toute la durée de l'armistice.

Les réquisitions en fourrages, en avoines, en grains, que l'on avait espéré voir cesser avec la suspension des hostilités, continuaient comme par le passé, et les différentes contributions de guerre dont la ville et les communes envahies avaient été précédemment frappées, étaient réclamées avec la même rigueur qu'auparavant.

Le million demandé pour la ville s'était accru de 200,000 francs, par suite de la mort d'un ulhan, tué dans le Bourg-Neuf, à coups de serpe, le jour de l'attaque du faubourg, par un paysan qui avait probablement reconnu en lui un de ces réquisitionnaires dont les campagnes voisines garderont longtemps le souvenir. Le paysan échappa à toutes les recherches, mais Blois fut condamné à une nouvelle amende de 200,000 francs, et comme on ne s'empressait pas de verser cette somme, MM. Corbin, juge d'instruction, et Eugène Lemaignen, qui n'appartenaient cependant ni de près ni de loin à l'administration municipale, furent arrêtés chez eux sans explication et conduits comme otages à Orléans, où se trouvait déjà M. Riffault, l'ancien maire de Blois, qui, oubliant ses griefs légitimes

contre certains membres de la commission, était allé faire
une démarche auprès de l'autorité supérieure allemande,
pour obtenir une réduction sur la contribution de guerre
dont le chiffre énorme menaçait de ruiner la ville. Ajou-
tons que M. Riffault réussit et obtint, non sans peine, une
diminution de 500,000 francs. Au bout de quelques jours
de détention, et après le versement d'une somme de
50,000 francs, MM. Corbin et Lemaignen furent rendus à la
liberté et revinrent à Blois.

La conduite des Prussiens pouvait souvent faire douter
de la cessation momentanée des hostilités ; l'on se demandait, en les voyant continuer audacieusement leurs excursions, si l'armistice existait pour eux. Les campagnes
surtout, avaient à se plaindre des continuelles visites des
uhlans, et, dans plusieurs localités, les habitants, de bonne
foi, croyant qu'ils n'avaient plus le droit de réquisitions,
s'opposèrent par la force à leur laisser enlever quoi que ce
soit ; mal leur en prit ; à Saint-Bohaire, par exemple,
quatre ou cinq uhlans s'étaient présentés le 2 février,
demandant des fourrages et de l'avoine : les femmes de la
commune les accueillirent par des injures et des huées,
excitant leurs maris à la résistance ; un soldat prussien tira
un coup de fusil sur l'une d'elles, et aussitôt plusieurs
paysans de la commune, qui étaient armés, firent feu sur
les uhlans, qui prirent la fuite, en promettant de revenir
en forces le lendemain brûler le château.

Ils ne tinrent que trop parole ; le 3 février, une colonne
de deux cents soldats environ, se rua sur Saint-Bohaire,
incendia le château de M. Noël et trois autres maisons du
bourg, et emmena prisonniers à Blois, pieds nus et attachés
les uns aux autres, seize habitants de la commune : après
une assez longue détention à la Mairie de Blois, onze
d'entre eux furent relâchés ; quant aux cinq autres, conduits

en Prusse, à la suite de l'évacuation, ils furent traduits devant un conseil de guerre, et condamnés à mort. Le roi Guillaume commua leur peine en dix ans de détention.

Après trois mois d'interruption, le chemin de fer venait de reprendre son service, les trains furent d'abord exclusivement confiés à des employés allemands, mais quelques jours après, des trains français furent organisés avec l'autorisation de l'administration prussienne, et les communications avec Paris devinrent faciles.

Le 4, M. Lecanu, qui avait quitté la ville le 12 décembre, dans les circonstances que nous avons racontées, crut devoir rentrer à Blois, pour procéder aux élections et envoyer aux maires des instructions à ce sujet; mais le colonel prussien, en vertu d'ordres supérieurs, lui signifia qu'il eût à se retirer dans une ville neutre, et M. Lecanu, après avoir protesté, quitta la ville le 6. Quelques jours après, il donnait sa démission, motivée sur ce que le gouvernement qui l'avait nommé ayant cessé d'exister, il n'avait plus de raison de conserver son poste. Du reste, l'accueil presque hostile que lui fit la population, lorsqu'il rentra à Blois, aurait suffi pour lui faire prendre cette détermination.

Le 8 février, les élections se firent avec ordre dans la salle des États du château de Blois, et pour permettre aux habitants des campagnes de se rendre en toute sécurité au scrutin, un avis du commandant de place, placardé dans toutes les communes envahies, suspendit les réquisitions les 7, 8 et 9 février.

La grande affaire des Prussiens, depuis la cessation des hostilités, était, à tout hasard, de remplir leurs caisses avec le produit des contributions de guerre; à cet effet, ils nommèrent des préfets allemands chargés de faire rentrer l'impôt dans chacun des départements occupés. Blois eut le sien, un M. Schoen, qui s'installa place Saint-Louis, dans la maison de Mme Marcandier, et qui frappa le Loir-et-Cher d'une contribution de quatre millions, immédiatement exigible; en même temps, la ville était menacée d'exécution militaire si le 19, avant midi, elle n'avait pas versé 150,000 francs.

Au commandant de Cranach, dont tout le monde avait apprécié à Blois l'affabilité et la convenance, et qui fut révoqué pour la trop grande douceur qu'il apportait dans l'exercice de ses fonctions, avait succédé un officier de dragons nommé de Schuler, véritable bête féroce, qui ne parlait de rien moins que de faire égorger les habitants, les femmes, les enfants, et d'incendier la ville, si l'on ne se décidait à payer au plus vite la somme exigée qui, par l'entremise de M. de Cranach, avait été réduite à 480,000 francs, mais qu'il porta, de sa propre autorité, à 700,000 francs.

Le 19, à midi, la commission municipale devait verser entre les mains du nouveau commandant une somme de 150,000 francs; à midi moins dix minutes, il fit prévenir la commission que pour chaque quart d'heure de retard la ville aurait à payer 20,000 francs de plus; l'argent fut heureusement prêt à l'heure fixée, grâce à des souscriptions nombreuses recueillies à domicile. Afin d'être en mesure d'éviter à la ville les malheurs dont la menaçait en plein armistice le sauvage commandant, MM. Chambert et Petit partirent pour Nantes, pour négocier 300,000 francs de valeurs, revêtues des signatures des notabilités de la cité.

Les communes des environs avaient eu également à payer leurs contributions de guerre; Montlivault, Saint-Gervais, Vineuil, Chailles, les Montils, Villerbon, etc., etc. La plupart de ces contributions, énormes dans l'origine, furent réduites de plus des trois quarts; aux Montils, la commune n'ayant pas pu payer la somme à laquelle elle avait été condamnée, le bourg fut livré à un pillage méthodique : une bande de deux ou trois cents cavaliers fouillèrent les maisons, emportant le linge, les quelques objets de valeur qu'ils purent trouver, même les pendules.

Le 18, le prince royal de Prusse vint à Blois, où sa présence passa presque inaperçue ; du reste, ce digne fils du roi Guillaume n'eut aucun souci de faire cesser les exactions de ses soudards ; le lendemain, il alla visiter Chambord et les châteaux environnants.

Pour exercer une pression sur les résolutions de l'Assemblée nationale réunie à Bordeaux, les Prussiens formèrent un camp de plus de cent mille hommes en avant de Tours : pendant toute la durée de l'armistice, Blois fut constamment traversé par des troupes nombreuses qui séjournaient un jour ou deux, et dont la nourriture était tout entière laissée à la charge des habitants; aussi le désir de la paix devenait-il de plus en plus vif, parmi toutes les classes de la population.

Le 26, dernier jour de la prorogation de l'armistice, les Prussiens, fidèles au système d'intimidation qu'ils avaient toujours pratiqué, prirent des mesures de précaution dans le cas où la paix déshonorante qu'ils nous imposaient ne serait pas acceptée; ils enduisirent la passerelle de goudron, accumulèrent au-dessous des fagots de branches sèches, et publièrent une affiche menaçante qui enjoignait aux habitants, dans le cas d'alerte, de se retirer immédiatement à l'intérieur de leurs demeures, dont les portes, — mais dans ce cas seulement, — devaient rester ouvertes toute la nuit : beaucoup de gens, interprétant mal les termes de l'affiche, en conclurent que la paix était rejetée, et se désolèrent prématurément.

Deux ou trois jours après, toutes les incertitudes cessèrent ; le 28 février, les Allemands eux-mêmes nous firent connaître, avec les dures conditions que nous étions obligés de subir, la ratification des préliminaires de paix par l'Assemblée. Leurs soldats témoignèrent par des chants et des hourrahs sauvages toute leur joie, et leur enthousiasme pour la paix montrait clairement qu'ils n'avaient nulle envie de continuer une guerre qui, depuis si longtemps, les tenait éloignés de leurs foyers, de leurs familles. La population, accablée sous le poids de notre humiliation nationale, dut encore subir pendant douze jours l'occupation ennemie dans toute sa rigueur.

Quant à la rentrée de l'impôt dont le département et la ville avaient été frappés, il fut convenu que les sommes, heureusement fort considérables, qui restaient à verser, ne seraient pas exigées, et qu'elles seraient comprises dans l'écrasante indemnité de guerre que la Prusse nous demandait.

La commission municipale, qui avait fait annoncer, à son de caisse, que l'on était délivré de l'obligation de nourrir les soldats ennemis, ne sut prendre aucune mesure pour assurer l'exécution d'une des clauses des préliminaires, qui laissait au Gouvernement français le soin de pourvoir à l'alimentation des troupes prussiennes, et, le 6 mars, à quatre heures du soir, après l'arrivée d'un corps de quatre ou cinq mille hommes, elle se résigna à faire piteusement publier, par le tambour de ville, qu'il fallait de nouveau héberger et loger les militaires allemands ; ce manque d'énergie et de sollicitude pour les intérêts de la ville suscita des réclamations aussi légitimes que vaines ; jusqu'au 12 mars, jour trois fois béni, qui vit partir les derniers Prussiens, les habitants furent obligés de fournir à leurs hôtes table et logement.

Le dimanche, 12, à neuf heures du matin, la ville était complétement évacuée, après avoir subi deux bombardements et une occupation de quatre-vingt-dix jours.

Dans les rues, on s'abordait en se félicitant d'être enfin délivrés du joug si dur que les Prussiens avaient fait peser sur nous ; dans l'après-midi, et pour la première fois depuis trois mois, les promenades étaient encombrées de monde, Blois avait repris son aspect accoutumé, mais de nombreux costumes de deuil attristaient les regards et rappelaient les pertes cruelles qui, pendant le cours de l'occupation, étaient venues frapper tant de familles ! Le lendemain, chacun se mettait à l'œuvre pour faire disparaître, de sa demeure, les traces matérielles de l'invasion, dont le pénible souvenir ne s'effacera jamais de la mémoire de ceux qui ont eu le malheur de la subir !

FIN.

Blois. — Imprimerie PAUL DUFRESNE, rue Pierre-de-Blois, 14.